essentials

essentials liefern aktuelles Wissen in konzentrierter Form. Die Essenz dessen, worauf es als „State-of-the-Art" in der gegenwärtigen Fachdiskussion oder in der Praxis ankommt. *essentials* informieren schnell, unkompliziert und verständlich

- als Einführung in ein aktuelles Thema aus Ihrem Fachgebiet
- als Einstieg in ein für Sie noch unbekanntes Themenfeld
- als Einblick, um zum Thema mitreden zu können

Die Bücher in elektronischer und gedruckter Form bringen das Expertenwissen von Springer-Fachautoren kompakt zur Darstellung. Sie sind besonders für die Nutzung als eBook auf Tablet-PCs, eBook-Readern und Smartphones geeignet. *essentials:* Wissensbausteine aus den Wirtschafts-, Sozial- und Geisteswissenschaften, aus Technik und Naturwissenschaften sowie aus Medizin, Psychologie und Gesundheitsberufen. Von renommierten Autoren aller Springer-Verlagsmarken.

Weitere Bände in der Reihe http://www.springer.com/series/13088

Manfred Barbarino

Zentrierung

Eine effektive Körpertechnik zur Selbstregulation

 Springer

Manfred Barbarino
Graz, Österreich

ISSN 2197-6708   ISSN 2197-6716   (electronic)
essentials
ISBN 978-3-658-28391-9   ISBN 978-3-658-28392-6   (eBook)
https://doi.org/10.1007/978-3-658-28392-6

Die Deutsche Nationalbibliothek verzeichnet diese Publikation in der Deutschen Nationalbibliografie; detaillierte bibliografische Daten sind im Internet über http://dnb.d-nb.de abrufbar.

Springer ist ein Imprint der eingetragenen Gesellschaft Springer Fachmedien Wiesbaden GmbH und ist ein Teil von Springer Nature.
Die Anschrift der Gesellschaft ist: Abraham-Lincoln-Str. 46, 65189 Wiesbaden, Germany

Was Sie in diesem *essential* finden können

- Lernen Sie mit der Zentrierung eine Körpertechnik kennen, mit der Sie mehr Präsenz, Stärke, Gelassenheit, Offenheit und Flexibilität erlangen können.
- Erfahren Sie den Hintergrund, die Prinzipien und die Wirkung der Zentrierung sowie ihre empirische Grundlage.
- Entdecken Sie die Signale und die Sprache Ihrer körperorientierten Selbstwahrnehmung und deren Wirkfaktoren.
- Erleben Sie mithilfe einfacher Simulationen den Unterschied zwischen Zentriertheit und Nicht-Zentriertheit.
- Lernen Sie, wie Sie die Technik der Zentrierung ohne großen Aufwand praktizieren und mühelos in Ihren Tagesablauf integrieren können.

Vorwort

Die Idee für dieses Buch entstand nach meinen Tätigkeiten und Erfahrungen im Bereich Luftfahrtpsychologie in der nationalen und europäischen Luftfahrt. Bereits im Psychologiestudium begeisterte mich das Thema Stress und Belastbarkeit von Piloten und Fluglotsen.

Als Fach- und Führungskraft in der europäischen Flugsicherung kam ich vor etwa zehn Jahren in Kontakt mit dem Bereich der Achtsamkeit (engl. *mindfulness*), der körperorientierten Selbstwahrnehmung (engl. *embodied self-awareness*) und mit dem Erlernen verschiedener körperorientierter Techniken (engl. *embodiment techniques*). Diese Arbeiten führten mich zurück zum Thema vegetativer Veränderungen bei Stress. Der Umgang mit und die Verarbeitung von täglichen Belastungen und Aufgaben stellen besonders im Berufsleben eine zunehmende Herausforderung dar. Dabei faszinierte mich die Körpertechnik der *Zentrierung* (engl. *centring,* am. *centering*), die sich in der hier beschriebenen Form vor allem aus der langjährigen Praxis von Meistern der asiatischen Kampfkunst Aikido ableitet und für die Anwendung im beruflichen und privaten Alltag angepasst wurde. Mein besonderer Dank gilt hier den Zentrierungslehrern Paul Linden, Mark Walsh und Francis Briers, die mich in diese Kampfkunst-basierte Technik der Zentrierung eingeführt haben.

Bis zur Erstellung dieses Buches hatte ich selbst die Möglichkeit, die Zentrierungstechnik regelmäßig zu üben, anzuwenden und an mehr als 500 Personen über Training und Coaching zu vermitteln. In diesem Personenkreis befanden sich Piloten, Fluglotsen, Luftfahrtingenieure, Betriebswirtschaftler, Juristen, Finanz- und Human Resources- Fach- und Führungskräfte bis hin zu Assistenten und administrativem Personal. Dieses *essential* bietet einen Weg, die Thematik einem weiteren Leserkreis zugänglich zu machen, vor allem Psychologen, die als Coaches, Psychotherapeuten und Vermittler von körperorientierten

Techniken arbeiten. Dieses Buch soll vor allem als Einführung dienen und hat nicht den Anspruch eines Lehrbuches. Interessierte Leser mögen die Thematik durch die Literaturangaben, Seminare und das Selbststudium weiter vertiefen. Ebenso gilt, dass ein Buch mit einer begrenzten Auswahl von Grundsätzen und Übungen nur bedingt die persönliche Erfahrung mit qualifizierten Lehrern ersetzen kann.

Manfred Barbarino

Inhaltsverzeichnis

Einleitung

1

> *Zentriertheit bedeutet, sich selbst zu spüren, in Kontakt*
> *mit sich selbst zu sein, wo man ist: in seinem Körper.*
>
> Rolf Sellin (2014)

Zentriertheit ist einer der wesentlichen Bausteine sowohl für effektive Körperhaltung und Bewegung als auch für Aufmerksamkeit, innere Stärke und Präsenz im Hier und Jetzt. Zentrierung im Sinne der Anwendung einer körperorientierten Technik ist eine Form der Selbstregulation, die uns zu unserem Zentrum führt und folglich in den Zustand der Zentriertheit. Wenn wir zentriert sind, fühlen wir uns auf physischer Ebene im Gleichgewicht und unser Körper ist in seiner Gesamtheit vertikal nach unten und oben auf- und ausgerichtet. Dabei sind die Streckmuskeln aktiviert, was zu einer aufrechten und stabilen Körperhaltung führt. Gleichzeitig sind die äußeren Muskeln des Körpers entspannt, was die Aktivierung der Beugemuskeln verringert und ein Empfinden von Entspannung und Leichtigkeit vermittelt. Auf psychischer Ebene führt Zentriertheit in der Regel zu Gefühlen geistiger und emotionaler Offenheit, aktiver Wahrnehmung und Einfühlungsvermögen, um mit uns selbst und der Umwelt in Kontakt treten zu können. Anders ausgedrückt: Zentrierung sollte Kopf (Gedanken), Herz (Gefühle) und Bauch (Empfindungen) in Einklang und Harmonie bringen.

Der Zustand der Zentriertheit ist zeitlich begrenzt, da die täglichen Herausforderungen und Bedrohungen Trigger- bzw. Stress-Reaktionen auslösen können, die uns aus dem Gleichgewicht bringen. Das Ziel ist daher nicht, ständig zentriert zu sein, sondern durch die Zentrierungstechnik schneller und mit mehr Leichtigkeit in die Zentriertheit zurück zu gelangen, falls wir sie verloren haben. Die Trigger, die uns aus der Zentriertheit bringen können, betreffen Auseinandersetzungen mit Familienangehörigen, Freunden, Kollegen, Klienten und Kunden. Manchmal reicht

© Springer Fachmedien Wiesbaden GmbH, ein Teil von Springer Nature 2020   1
M. Barbarino, *Zentrierung*, essentials,
https://doi.org/10.1007/978-3-658-28392-6_1

bereits der Name eines E-Mail-Absenders, das Hören einer Stimme, ein Anruf oder eine unangenehme Nachricht sowie Verkehrsstaus, Unfälle oder Katastrophen. Bedingt durch unsere psycho-biologischen Veranlagungen reagieren wir folglich mit Stress-Reaktionsmustern wie Kampf, Flucht, Erstarrung oder Kollabieren, die evolutionsgeschichtlich wesentlich sind, um unser Überleben zu sichern und aufrechtzuerhalten. Häufig führen diese Reaktionsmuster jedoch zu Ergebnissen, die in der aktuellen Situation wenig hilfreich oder unangemessen sind. Dann sagen oder tun wir vielleicht Dinge, die wir schon nach kurzer Zeit bereuen und die möglicherweise zu längerfristigen negativen Konsequenzen führen.

Durch regelmäßige Anwendung der Zentrierungstechnik können wir unsere Selbstregulation und unsere sozialen Kompetenzen verbessern. Im Arbeitsleben kann diese Technik helfen, mit sich selbst und anderen in Kontakt zu treten und mit den komplexen Anforderungen im Umgang mit Einzelpersonen und Gruppen besser zurechtzukommen. Somit kann Zentriertheit als positiver Wirkungsfaktor verschiedener sozialer Fähigkeiten und Fertigkeiten angesehen werden, wie zwischenmenschliche Wahrnehmung und Begegnung, Mitteilen und Zuhören, Führen und Folgen, Geben und Empfangen.

Seit Beginn dieses Jahrhunderts wächst die Anzahl der Studien, Publikationen und Ausbildungsprogramme zur Körperorientierung, die die Integration von Kopf, Herz und Bauch und deren psycho-biologische Grundlagen in den Vordergrund stellen (Blake 2018b; Fogel 2013; Palmer und Crawford 2013; Storch und Tschacher 2016). Zeitgleich steigt die Bekanntheit von körperorientierten Techniken, die für den beruflichen und privaten Alltag angepasst werden. Der Ursprung findet sich vor allem in den Kampfkünsten, in Yoga, Meditation, Tanz und Theater, aber auch in den körperorientierten Praktiken wie beispielsweise der Alexander-Technik, Rolfing, Feldenkrais und in verschiedenen Formen von körperorientiertem Coaching sowie in der Psychotherapie.

Die wesentlichen Prinzipien und Anwendungsmöglichkeiten der Zentrierungstechnik lassen sich von erfahrenen Trainern in etwa 2 bis 3 h einführen und vermitteln. Dabei können die resultierenden physischen und psychischen Wirkungen mithilfe einfacher Stress-Simulationen erfahren werden und sind somit unmittelbar überprüfbar und verifizierbar. Nach der Vermittlung der Zentrierungstechnik bedarf es einer Einübungsphase mit mindestens 500 Wiederholungen über einen Zeitraum von 50 Tagen, bis die Technik hinreichend automatisiert ist und die Zentriertheit in herausfordernden Situationen aktiviert und effektiv angewendet werden kann.

Die Anwendung der Zentrierungstechnik ist mannigfaltig und durch die Rückmeldung der Teilnehmer in Coaching oder Training lassen sich immer wieder neue Möglichkeiten und Anwendungsfelder erschließen. Die Technik kann bereits Kindern ab einem Alter von 6 bis 7 Jahren wie auch Jugendlichen und Erwachsenen bis hin zum Seniorenalter vermittelt werden. Grundsätzlich kann jeder von den positiven Folgen der Zentriertheit im beruflichen und privaten Leben profitieren, auch wenn diese Körpertechnik nicht den Anspruch eines Wunder- oder Allheilmittels haben kann.

Hintergrund und Merkmale 2

2.1   Hintergrund der Zentrierungstechnik

Zentrierung resultiert in einem Zustand der Zentriertheit, indem wir uns physisch und psychisch fokussieren, uns in unserem Körpermittelpunkt und unserer inneren Kraft einfinden und mit uns selbst und anderen in Kontakt treten können. Zentrierung und ihre Techniken sowie Übungen existieren in verschiedenen Formen und Varianten mit unterschiedlichen Absichten und Zielen. Eine gute Übersicht findet sich bei Walsh (2017). Im Bereich der Achtsamkeit kann regelmäßige Übung von Meditation, Yoga und anderen Körperpraktiken zu einem zentrierten Zustand innerer Ruhe, Balance und Ausgeglichenheit führen (Clark 2018; Kabat-Zinn 2015; Ostertag 2018).

Die hier vorgestellte Form der Zentrierung leitet sich aus den Praktiken asiatischer Kampfkünste ab, vor allem den sanfteren Formen wie Aikido, Tai-Chi und Qigong. In den 90er Jahren formte sich in den USA eine Gruppe von Schülern um den Aikido-Meister (Sensei) Robert Nadeau. Da alle Schüler einen akademischen Abschluss in Psychologie haben, war und ist ihr gemeinsames Ziel, Kampfkunst-basierte Prinzipien und Körpertechniken für den Alltag und vor allem für

© Springer Fachmedien Wiesbaden GmbH, ein Teil von Springer Nature 2020   5
M. Barbarino, *Zentrierung*, essentials,
https://doi.org/10.1007/978-3-658-28392-6_2

die Arbeitswelt anzupassen und über Ausbildungsprogramme und Veröffentlichungen zugänglich zu machen (Linden 2006, 2007; Palmer und Crawford
2013; Strozzi-Heckler 1993, 2014; Whitelaw 2012).

Im Unterschied zu den mehr Achtsamkeits-orientierten Zentrierungstechniken
steht bei den Kampfkunst-basierten Techniken im Vordergrund, dass ein poten-
zieller Angreifer bzw. Angriff verschiedene Formen von Bedrohung und Gefahr
darstellt, die es gilt, durch innere Stärke und geschickte Ausweich- und Abwehr-
techniken zu entkräften. Im beruflichen Alltag erfolgen Angriffe und Bedrohungen
jedoch überwiegend auf verbaler Ebene. Eigene Erfahrungen und Berichte von
Betroffenen im Rahmen von innerbetrieblichen Beschwerden zeigen allerdings,
dass Belästigungen und Bedrohungen auf physischer Ebene häufiger vorkommen,
als man annehmen möchte. Im übertragenen Sinne ist das Ziel, durch regelmäßige Übung und Anwendung der Zentrierungstechnik den von innen und außen
kommenden Herausforderungen unseres Alltags aus der Zentriertheit heraus zu
begegnen. Auf diese Weise öffnet sich unsere Wahrnehmung und wir treten als
selbstbestimmte Menschen mit uns selbst und anderen in Kontakt.

Zentrierung kann auch als innerer körperlicher und energetischer Vorgang und
Anker dienen, wenn wir mit persönlichen Krisen- und Veränderungsprozessen
konfrontiert werden (Blake 2018b; Strozzi-Heckler 1993). Wenn wir unsere
„Komfortzone" freiwillig oder unfreiwillig verlassen, uns ängstlich, ärgerlich,
überwältigt oder hilflos fühlen, ist es hilfreich, uns erneut zu zentrieren. Aus dieser Position können wir mit Abstand, Offenheit und Interesse betrachten, was auf
körperlicher, emotionaler und mentaler Ebene vorgeht. Aus der Zentriertheit können wir den Willen und die Bereitschaft entwickeln, uns der Realität zu stellen
und innere Blockaden zu überwinden. Somit ist Zentrierung kein intellektuelles
und theoretisches Konzept, sondern eine körperorientierte Fertigkeit, die wir nutzen können, um uns zu fokussieren, unsere Lernbereitschaft zu fördern und gang-
bare Wege für Veränderungsprozesse zu finden.

2.2   Merkmale der Zentriertheit

Die Zentrierungstechnik kann im Stehen oder Sitzen durchgeführt werden und
wirkt vor allem durch die Wahrnehmung des Körperschemas und Bewegungs-
sinnes, der Veränderung in Atmung und Körperhaltung und durch die Visualisie-
rung innerer Bilder. Eine umfassende Beschreibung der Zentrierung findet sich
in dem Artikel von Lehrhuber (2010), der einige der genannten physischen und
psychischen Funktionen und Wirkungen der Zentriertheit im Zusammenhang mit
den asiatischen Praktiken Taijiquan und Qigong erläutert.

Eine wesentliche Voraussetzung für die physische Zentriertheit nach Lehrhuber ist die Wahrnehmung des Körperschwerpunktes, der als Mittelpunkt des menschlichen Körpers in Bezug auf die Schwerkraft definiert ist und das Zentrum und den Ausgangspunkt aller Bewegungen bildet. Somit besteht der erste Schritt darin, sich des eigenen Körperschwerpunktes bewusst zu werden und die Aufmerksamkeit und den Atem dorthin zu lenken. In den asiatischen Kampfkünsten und anderen Praktiken wird dieser Bereich als Zentrum der Lebensenergie (chin. *Ki,* jap. *Chi*) angesehen und in den japanischen Praktiken als *Hara* und im chinesischen Taoismus als *Unterer Dantian* bezeichnet. In beiden Fällen wird angenommen, dass sich dieser Bereich der Lebensenergie etwa 3 bis 5 cm unterhalb des Bauchnabels befindet.

Ausgehend von dem Hara-Zentrum erfolgt die Verbindung mit dem Boden durch die gleichmäßige Verteilung des Körpergewichts auf die Füße, weder vorwiegend auf den Ballen noch auf den Fersen stehend. Die Knie sind leicht gebeugt, um eine natürliche Ausrichtung der Hüftgelenke und des Beckens zu erreichen. In dieser Stellung wird die Aufmerksamkeit in den unteren Teil des Körpers gelenkt, sodass die Energie aus dem Körperzentrum nach unten fließen kann. Auf psychischer Ebene kann diese bewusste Verbindung mit dem Boden als ein Gefühl von Grundvertrauen, Stabilität und Bei-sich-zuhause-Sein einhergehen. Abschließend werden die Wirbelsäule und der Kopf aus dem Körperschwerpunkt heraus nach oben auf- und ausgerichtet. Bei allen Bewegungen soll dieser Zustand in Bezug auf die zentralen Zusammenhänge im Rumpf und Kopf-Nacken-Bereich dynamisch erhalten bleiben.

Wenn wir uns der Schwerkraft anvertrauen, entsteht eine aufsteigende Energie, die von unseren Füßen vertikal bis zum Scheitel unseres Kopfes nach oben wirkt. Diese Energie wird oft als innerer Auftrieb wahrgenommen, der den Körper nach oben aufrichtet. Dieser Auftrieb schafft seinerseits verbesserte Bedingungen, damit durch die Schwerkraft des Körpers eine absteigende Energie entstehen kann, die uns vom Kopf bis zu den Füßen mit dem Boden verbindet. Folglich ergibt sich eine wechselseitige Dynamik von energetischem Auf und Ab, die uns ein ausgewogenes, müheloses Gleichgewicht und Stabilität beschert.

Aus der freien Dynamik beider Pole ergibt sich die mühelose Aufrichtung von Wirbelsäule, Rumpf und Nacken, gekrönt von einem frei beweglichen Kopf am oberen Ende. Sind beide Pole entsprechend ausgerichtet, erreichen wir eine optimale Koordination für den gesamten Organismus. Somit folgen wir dem natürlichen Bestreben unseres Körpers, die resultierende Dynamik aufrechtzuerhalten.

Zentriertheit ist ohne angemessene Entspannung nicht denkbar. Die genannte Dynamik der Zentrierung kann nicht durch forcierte Muskelanspannung erreicht werden. Im Gegenteil, es geht um das Loslassen in eine natürliche Ausrichtung, die zu einem optimierten Muskeltonus der Streckmuskulatur führt und lokale An- und Verspannung der Beugemuskulatur vermeidet. Gute Ausrichtung und Struktur dienen wiederum als wesentliche Voraussetzungen für Entspannung. Zunehmende Entspannung führt zu zunehmender Öffnung von Geist, Körper und unserem energetischen System. Vermehrte Offenheit verbessert letztendlich die Wahrnehmung unseres Selbst, unserer Mitmenschen und der Umwelt.

2.3 Verlust der Zentriertheit

Bevor im Weiteren die wesentlichen Anleitungen und Übungen vorgestellt werden, die in den Zustand der Zentriertheit führen, ist es wichtig zu verstehen, wie und warum wir Zentriertheit auch verlieren. Dabei lassen sich äußere und innere Wirkfaktoren unterscheiden, die hier unter dem Begriff der *Trigger* zusammengefasst werden. Hilfreich ist hierbei die bildliche Vorstellung, dass sich über unseren Körper verteilt kleinere und größere rote Knöpfe befinden. Wenn einer dieser Knöpfe von uns selbst oder anderen gedrückt wird, gehen wir, wie man umgangssprachlich sagt, an die Decke oder in die Luft. Hinter den roten Knöpfen verbergen sich meist frühere Ereignisse und Erlebnisse, die wir als unangenehm, schmerzhaft und im Extremfall als traumatisch erfahren haben. Auch wenn wir annehmen, diese Momente verarbeitet und ad acta gelegt zu haben, sind viele noch in unserem Körpergedächtnis gespeichert (Schmidt 2008, S. 208) und können über unsere fünf Sinne (Sehen, Hören, Spüren, Riechen und Schmecken) oder über unsere eigenen Gedanken reaktiviert werden und uns triggern.

Äußere Trigger
Wenn wir von außen getriggert werden, geschieht dies häufig durch Begegnungen mit anderen Personen oder die Umgebung, in die wir uns begeben. Im Umgang mit anderen können wir bereits durch bestimmte Worte, Körperhaltung, Bewegung und Gestik oder durch einen vermeintlich falschen oder bösen Blick an etwas Unangenehmes oder Bedrohliches erinnert werden. Die Vorstellung allein kann unmittelbare Körperreaktionen auslösen, die in der Regel mit Gefühlen wie Angst, Ärger, Enttäuschung, Ohnmacht oder Hilflosigkeit einhergehen. Häufig werden wir auch getriggert, wenn unausgesprochene Wünsche oder Erwartungen an Familienmitglieder oder Kollegen nicht oder nur teilweise erfüllt werden. Viele kennen wahrscheinlich Situationen, in denen der Partner oder Kollege verstockt und abweisend reagiert und wir nicht die geringste Ahnung haben, was geschehen ist. Später kommen dann vielleicht Sätze wie

„Du hättest doch sehen müssen, dass ich in der Situation Deine Hilfe gebraucht hätte …". Manchmal reicht bereits der Ort und andere Umgebungsfaktoren, die uns das unmittelbare Bauchgefühl geben, dass hier etwas nicht stimmt, dieser Ort oder jene Person nicht gut für uns ist und wir möglichst schnell das Weite suchen möchten.

Innere Trigger

Wie bereits erwähnt, befinden wir uns im Zustand der Zentriertheit präsent im Hier und Jetzt. Sehr oft werden wir jedoch durch Gedanken über Vergangenes oder Zukünftiges getriggert und aus unserer Zentriertheit gedrängt. In Coaching-Sitzungen grübeln die Betroffenen häufig über frühere, vermeintlich falsche Entscheidungen, die sie geradezu als unverzeihbar erachten. Bei genauerem Nachfragen wird jedoch oft deutlich, dass sie die damalige Entscheidung meist mit bestem Wissen und Gewissen getroffen haben, auch wenn die Betroffenen sich mit dem jetzigen Wissen heute wahrscheinlich anders entscheiden würden. Neben dem Grübeln über Vergangenes verbringen oder verschwenden wir oft wertvolle Zeit mit vermeintlichen Sorgen über Zukünftiges, vor allem dann, wenn wir mit Unvorhersehbarkeiten und Unsicherheiten konfrontiert werden und uns ängstlich, hilflos und überfordert fühlen. Die Worte eines unbekannten Autors fassen dies punktgenau zusammen: „Lebe in der Vergangenheit, wenn du traurig sein willst. Lebe in der Zukunft, wenn du ängstlich sein willst. Und wenn du glücklich sein willst, dann lebe und genieße den jetzigen Moment."

Unser innerer Kritiker

Eine besondere Form unserer inneren Trigger beschreibt Diesbrock (2013) in seinem humorvollen Buch „Hermann! – Vom klugen Umgang mit dem inneren Kritiker". Ob es nun Hermann oder Hermine ist, die Kernaussage ist, dass es sich bei unserem inneren Kritiker um eigene Gedanken handelt, die scheinbar nur damit beschäftigt sind, uns das Leben schwer zu machen, und an allem, was wir denken, tun oder fühlen, etwas zu bemängeln haben, und oft dazu führt, dass wir uns vielleicht noch ein wenig schlechter fühlen. Vor allem betrifft diese innere Kritik Zweifel an unserer Kompetenz („ich bin nicht gut genug"), unser Aussehen („ich bin zu dick, zu klein, nicht attraktiv genug") oder ein Gefühl, irgendwie nicht die richtige Person zu sein („mein Geschlecht, meine ethnische Herkunft, meine sexuelle Orientierung usw.") und dass eigentlich nichts wirklich gut an mir ist. Diesbrock führt aus, dass konstruktive Selbstkritik nicht grundsätzlich etwas Negatives ist, wenn wir uns mit unseren Gedanken auf das „noch nicht Gute" fokussieren, damit es besser werden kann. Weiterhin sagt er, dass wir unseren inneren Kritiker nicht wirklich vermeiden oder loswerden können, da es sich bei unseren kritischen Gedanken um ängstliche Persönlichkeitsanteile aus unserer Kindheit handelt, die sich als unsere inneren Beschützer verstehen. Zudem empfiehlt Diesbrock, dass es unser Ziel sein sollte, uns bewusst zu werden, was und wie wir denken im Sinne von „Bewusstsein kommt vor Veränderung". Darüber hinaus scheint es sinnvoll zu sein, unserem inneren Kritiker einen Namen und eine Identität zu geben, um die oft notwendige Distanz zu schaffen und Hermann bzw. Hermine als zuverlässige Sicherheits- und Risikomanager zu beschäftigen.

Zur verbesserten Selbstwahrnehmung ist es empfehlenswert, sich typische Sätze des inneren Kritikers über einen Zeitraum von etwa fünf Tagen zu notieren. Folgende Fragen können für eine *Trigger-Analyse* hilfreich sein:

- Durch welche Personen, Situationen oder andere Auslöser werde ich getriggert?
- Was sind typische Worte meines inneren Kritikers?
- Wo und was passiert in meinem Körper, wenn ich getriggert werde (Atmung, Herzschlag, Temperatur, Druck und/oder Bewegung in den verschiedenen Körperregionen)?
- Welche Gefühle und Gedanken werden durch diese Körperreaktionen ausgelöst?

Vorbereitung und Übungen 3

> *Training in body awareness and centering is the antidote
> to the distress response.*
>
> Paul Linden (2007)

3.1   Vorbereitung

Wesentliche Voraussetzung für die Praxis der Zentrierung ist das Erlernen und die Übung der körperorientierten Selbstwahrnehmung und der Gebrauch einer dazugehörigen operationalen Sprache. Wenn wir eine andere Person nach ihrem Befinden befragen, erhalten wir in der Mehrzahl allgemeine und wenig aussagekräftige Antworten wie „mir geht es gut, schlecht oder geht so …". Um mit uns selbst und anderen in Kontakt zu treten, ist es hilfreich, unser aktuelles Befinden in körperlicher, emotionaler und gedanklicher Weise wahrzunehmen und auszudrücken. Dazu benötigen wir eindeutige Begriffe, mit denen wir unsere Empfindungen operationalisieren können.

Vor allem Blake (2018a), Linden (2007) und Strozzi-Heckler (1993) nutzen vergleichbare Übungen, die als *Bodyreading* oder *Bodyscanning* bezeichnet werden. Das erste Ziel ist, sich im Stehen oder Sitzen auf den Atem zu konzentrieren, diesen zu verlangsamen und zu vertiefen. Darauf folgt eine achtsame und möglichst *bewertungsfreie* Wahrnehmung von Körperempfindungen bezüglich Temperatur, Anspannung und Bewegungen und damit einhergehende Gefühle und Gedanken.

© Springer Fachmedien Wiesbaden GmbH, ein Teil von Springer Nature 2020
M. Barbarino, *Zentrierung*, essentials,
https://doi.org/10.1007/978-3-658-28392-6_3

Übung: Bodyreading

- Ich spüre meine Füße und, falls ich sitze, auch mein Gesäß, wo Kontakt mit dem Boden oder der Sitzfläche besteht.
- Ich konzentriere mich auf meine Atmung, die ich verlangsame und nach unten zu dem Hara-Punkt unterhalb des Bauchnabels lenke.
- Dann fühle ich vom Kopf bis zu den Füßen, ob sich bestimmte Stellen in meinem Körper wärmer oder kühler anfühlen als andere.
- Nach der Temperatur erkunde ich Bereiche in meinem Körper, die sich angespannt oder blockiert anfühlen.
- Nach der Temperatur und dem Druck fühle ich in mich hinein, ob es Stellen in meinem Körper gibt, in denen irgendeine Form von Bewegung stattfindet.
- Wenn ich einen wesentlichen Punkt in meinem Körper finde, der Unterschiede in Temperatur, Druck und/oder Bewegung aufweist, lenke ich meinen Atem gedanklich zu dieser Stelle, um sie ein wenig leichter und entspannter werden zu lassen. Vielleicht hilft es mir, diese Stelle mit einer Hand achtsam zu berühren.
- Im nächsten Schritt erkunde ich, ob die gefundene Stelle mit einem Gefühl wie beispielsweise Ärger, Wut, Furcht, Traurigkeit, Scham oder mit Schuldgefühlen verbunden ist.
- Nun spüre ich in mich hinein, ob zu den gefundenen Empfindungen und Gefühlen bestimmte Gedanken oder Bilder aufkommen.
- Abschließend erkunde ich Stellen in meinen Körper, die sich leicht, entspannt und locker anfühlen. Dabei versuche ich, durch meine dorthin gerichtete Atmung, diese Stellen noch etwas größer werden zu lassen, sodass sich die Entspannung und Leichtigkeit auf den ganzen Körper ausweiten kann.

In einem Seminar sagte ein Teilnehmer im Anschluss an diese Übung: „Ich glaube, das ist das erste Mal, dass ich meinen Körper wirklich gespürt habe", ein schönes Beispiel, dass viele von uns mit ihrem eigenen Körper nicht in Kontakt stehen und sich geradezu als entkörpert erleben und wahrnehmen.

Einige Teilnehmer berichten, dass sie bei dieser Übung manche Körperstellen entweder gar nicht oder quasi als taub wahrnehmen. Wenn wir über einen längeren Zeitraum von unserem Körper und unseren Gefühlen getrennt waren, kann es einige Zeit und tägliche Wiederholungen dieser Übung benötigen, bis wir bewusst eins mit unserem Körper, unseren Gefühlen und Gedanken werden.

3.2 Die Zentrierungstechnik

An dieser Stelle sei vermerkt, dass hier eine mögliche Grundform der Zentrierungstechnik vorgestellt wird, die sich in Training und Coaching bewährt hat. Speziell in den Büchern von Linden (2007), Palmer und Crawford (2013) und Walsh (2017) finden sich eine Reihe von weiterführenden Formen und Übungen, die ein breites Anwendungsspektrum der Zentrierung abdecken.

Blick und Atmung

Zentrierung kann im Stehen und Sitzen geübt und praktiziert werden. Zu Beginn und während der Zentrierungsübung ist es ratsam, die Augen locker geöffnet zu halten und den Blick auf eine reale oder vorgestellte Horizontallinie in der Ferne zu richten. Im Gegensatz zu einer nach innen gerichteten meditativen Zentrierung erscheint es sinnvoll, den täglichen Herausforderungen mit offenen Augen zu begegnen.

Für die Atmung eignet sich ich eine Form von fokussierter abdominaler Neutralatmung. Beim Einatmen wird durch die Nase in den Bauch geatmet (abdominale Atmung), der sich leicht nach außen wölbt und beim Ausatmen durch den Mund wieder zum Ausgangszustand zurückkehrt. Zur weiteren Fokussierung der Atmung kann während des Einatmens die Zungenspitze hinter die oberen Schneidezähne gelegt werden, um das Einatmen durch den Mund zu verhindern. Beim Ausatmen durch den Mund gleitet die Zunge locker auf den Mundboden zurück. Die Lippen bilden eine mittlere o-förmige Öffnung, die das Ausatmen kanalisiert. Dabei hilft die Vorstellung, dass der entstehende Luftzug eine brennende Kerze zum Flackern bringt, die sich etwa 30 cm entfernt auf Höhe des Mundes befindet.

Auf- und Ausrichtung des Körpers

Zum Ausrichten des Körpers werden im *Stehen* zunächst die Beine und Füße in eine hüftbreite Stellung gebracht und die Fußzehen nach vorne ausgerichtet. Die Knie sind dabei leicht gebeugt, sodass aus dieser Stellung Bewegungen in alle Richtungen möglich sind. Diese Stellung führt zu einer natürlichen Ausrichtung der Hüftgelenke und des Beckenbereichs. Um den eigenen Schwerpunkt zu spüren, können unterstützend kleine Gewichtsverlagerungen nach rechts und links sowie vorne nach hinten ausgeführt werden.

Auf dem Scheitelpunkt des Kopfes stellen wir uns einen befestigten Faden vor, der durch leichtes Ziehen den Oberkörper nach oben auf- und ausrichtet. Die Arme und Hände hängen locker, der Schulter-, Nacken- und Halsbereich ist entspannt. Im Weiteren entspannen wir Augen, Zunge und Bauch und denken an etwas, das unser Herz zum Lächeln bringt.

Im *Sitzen* erfolgt die Zentrierungstechnik nach dem gleichen Prinzip. Damit die Wirbelsäule frei nach oben gerichtet werden kann, ist es hilfreich, sich auf die vordere Stuhlkante zu setzen.

Übung: Sprechformel zur Zentrierung

- Ich stehe hüftbreit mit nach vorne gerichteten Füßen und gelockerten Knien.
- Ich atme tief ein und richte meine Wirbelsäule nach oben auf.
- Ich atme aus und entspanne meine Schultern, die Augen, die Zunge und den Bauch.
- Ich denke dabei an etwas, was mein Herz zum Lächeln bringt.

Einübung der Zentrierungstechnik

Die Einübungsphase der Zentrierungstechnik dauert mindestens 50 Tage mit täglich 10 Wiederholungen, um mindestens 500 Wiederholungen zu erreichen (Palmer und Crawford 2013, S. 22). In den meisten Fällen stellt sich nach dieser Phase das Gefühl ein, dass die Technik hinreichend geübt ist und damit jederzeit verfügbar und abrufbar ist.

Für die anschließende Phase der Anwendung und Aufrechterhaltung kann Zentriertheit durch Mikrobewegungen erreicht werden. Beispielsweise reicht es dann aus, wie Palmer und Crawford (2013, S. 43) vorschlagen, einen Eidechsen-Push-Up auszuführen. Dazu heben wir beim Einatmen das Brustbein ein wenig nach oben und stellen uns dabei unser lächelndes Herz vor.

Anleitung zur Stress-Simulation 4

> *We are all walking triggers with buttons waiting to be*
> *pushed. There is however good news, this can be changed.*
> Miles Kessler (2016)

4.1 Fähigkeit und Ausgangslage zur Zentrierung

Wenn wir mit bedrohlichen Situationen konfrontiert werden, hängt das Ausmaß unserer Stress-Reaktion von der Stärke des jeweiligen Triggers und unserer Ausgangslage ab, inwieweit wir unsere Zentriertheit aktivieren und aufrechterhalten können. Zur Beurteilung kann eine Skala von 1 bis 10 dienen: 1 steht für eine minimale und 10 für die maximale Fähigkeit zur Zentrierung. Ebenso können wir die Stärke eines Stressors auf einer zweiten Skala von 1 bis 10 einschätzen: 1 steht für minimale Bedrohung wie beispielsweise ein unfreundliches Wort oder ein abwertender Blick eines Vorgesetzten; bei 10 hingegen handelt es sich um einen sehr starken Stressor wie körperlicher Angriff oder sexueller Missbrauch, den wir als sehr bedrohlich oder gar als lebensbedrohlich einschätzen. Wenn beispielsweise unsere aktuelle Zentrierungsfähigkeit bei 1 bis 2 liegt und der Stressor die Stärke 3 hat, werden wir sehr wahrscheinlich getriggert und reagieren folglich mit einer Stress-Reaktion. Liegt unsere Zentrierungsfähigkeit bei 3 oder höher, werden wir vielleicht ein Unwohlsein verspüren, werden aber nicht getriggert.

Die genannten Zahlenwerte sind relativ und subjektiv, da derselbe Stressor beispielsweise für ältere oder weniger stabile Personen eine hohe Bedrohung und für einsatzgewohnte Personen wie Polizisten, Feuerwehrleute oder Soldaten eine im Vergleich eher niedrigere Herausforderung darstellt. Ebenso kann unsere Fähigkeit zur Zentrierung von unserem aktuellen Befinden abhängen. An

© Springer Fachmedien Wiesbaden GmbH, ein Teil von Springer Nature 2020   15
M. Barbarino, *Zentrierung*, essentials,
https://doi.org/10.1007/978-3-658-28392-6_4

guten Tagen, an denen wir uns ausgeruht, entspannt und fit fühlen, wird unsere Trigger-Schwelle vermutlich höher liegen als an Tagen, an denen wir uns müde, angespannt und wenig leistungsfähig fühlen. Wichtig ist, sich bewusst zu werden, dass wir durch regelmäßige Übung unsere Fähigkeit zur Zentrierung bis auf die Stufe 7–8–9 bringen können, aber nie Stufe 10 erreichen. Ein wesentlicher Grund dafür ist, dass uns das Leben immer wieder mit Situationen konfrontiert (z. B. Naturkatastrophen, Unfälle, Krieg, Gewalt), die uns überwältigen und die wir selbst in unseren kühnsten Vorstellungen nicht erahnen.

4.2   Voraussetzungen der Stress-Simulation

Eine wesentliche Möglichkeit zur Testung und Erfahrung des Unterschiedes zwischen dem Zustand der Zentriertheit und Nicht-Zentriertheit ist der Einsatz von Stress-Simulationen (Linden 2007, S. 7; Palmer und Crawford 2013, S. 34–35; Walsh 2017, S. 62–82). Die Simulationen umfassen Übungen, die sowohl auf psychischer als auch physischer Ebene das Erleben beider Zustände ermöglichen. Um mit Simulationen in einem sicheren und ethisch vertretbaren Raum und Rahmen zu arbeiten, haben sich in der Praxis folgende Grundsätze als hilfreich und notwendig gezeigt:

- Bevor erfahrene Psychologen, Coaches oder Psychotherapeuten die Zentrierungstechnik an andere vermitteln und die Stress-Simulationen anwenden, sollten sie die Technik zunächst über einen Zeitraum von mindestens 50 Tagen mit täglich 10 Wiederholungen selbst einüben und in verschiedenen neutralen und herausfordernden (realen) Situationen angewendet haben. Hinreichende Selbsterfahrung ist Voraussetzung, um als glaubwürdiger Vermittler und Lehrer aufzutreten und als solcher von den Lernenden wahrgenommen und anerkannt zu werden.
- In Seminaren und Workshops zur Zentrierungstechnik hat sich bewährt, die Teilnehmer einzuladen, kritisch zu sein und nicht blindlings zu glauben, dass die Körpertechnik der Zentrierung für sie wirkungsvoll und sinnvoll ist. Erst die persönliche Erfahrung kann hinreichenden Nachweis erbringen, dass es sinnvoll ist, diese Körpertechnik systematisch zu üben und anzuwenden. Die Teilnahme an den Stress-Demonstrationen erfolgt grundsätzlich auf freiwilliger Basis und die Teilnehmer haben die Wahl, entweder aktiv mitzumachen oder als Beobachter zu agieren. Fällt die Entscheidung für eine aktive Teilnahme, darf jeder zu jedem beliebigen Zeitpunkt eine bereits begonnene

Demonstration abbrechen. Darüber hinaus ist es für die Teilnehmer hilfreich, wenn der Stress-Geber vor jedem Schritt in der Übung die Zustimmung des Empfängers einholt, um ihm ein Gefühl von Sicherheit und Wohlbefinden zu bestätigen.

- Der Einsatz der Stressoren erfolgt nach dem Prinzip der Steigerung und Kalibrierung. In anderen Worten: ein Stressor wird nur so weit gesteigert, bis der Teilnehmer leichte bis mittlere Reaktionen (auf einer 10er-Skala etwa 4 bis 6) zeigt, sodass starke oder gar traumatisierende Reaktionen auszuschließen sind. Auch wenn ich selbst bei den Teilnehmern in Seminaren und Coaching-Sitzungen noch keine überwältigenden Stress-Reaktionen erlebt habe, ist es für den Notfall ratsam, die Adressen eines Psychotherapeuten und Trauma-Therapeuten verfügbar zu haben, an die sich die betroffene Person wenden kann (Treleaven 2019).

- Zentrierung ist eine Technik, die bei vielen Personen in vergleichbarer Weise wirkt, doch gibt es Ausnahmen, bei denen keine wahrnehmbaren Reaktionen und Ergebnisse erreicht werden. Ich erinnere ich mich an zwei Personen, die nur bedingt in der Lage waren, in den Zustand der Zentriertheit zu gelangen. Vor allem gelang es den Teilnehmern nicht, eine stabile und dennoch entspannte Körperhaltung einzunehmen. Weiteres Nachfragen ergab, dass beide Personen zum fraglichen Zeitpunkt Psychopharmaka in Form von Antidepressiva einnahmen und die Medikation vermutlich einen der wesentlichen Wirkfaktoren darstellt. Aus dieser Erfahrung lässt sich die Hypothese ableiten, dass die Einnahme von Psychopharmaka und möglicherweise anderer Medikamente die Fähigkeit zur Zentrierung erheblich reduziert.

4.3 Übungen zur Stress-Simulation

Im Folgenden werden zwei ausgewählte Übungen zur Stress-Simulation vorgestellt, die sich in der Praxis bewährt haben, um die unmittelbare Wirkung der Zentrierungstechnik zu demonstrieren. Diese Übungen kommen ohne Körperberührung aus und lassen sich abhängig von Thematik und Zielgruppe anpassen und erweitern. Weitere Übungsanleitungen finden sich vor allem bei Linden (2006, 2007), Palmer und Crawford (2013) und Walsh (2017). Für alle Übungen gilt das Prinzip, dass sich sowohl der Stress-Empfänger als auch die anwesenden Beobachter einer operationalen, körperorientierten Sprache bedienen, um wahrgenommene Reaktionen zunächst auf physischer und anschließend auf emotionaler und gedanklicher Ebene beschreiben und ausdrücken zu können.

Die nachfolgend beschriebenen Übungen zur Stress-Simulation erfolgen in zwei Durchgängen. Im ersten Durchgang wird der Empfänger angeleitet, die Übung im nicht-zentrierten Zustand durchzuführen, und im zweiten Durchgang im zentrierten Zustand, sodass unmittelbar die Unterschiede zwischen beiden Zuständen erfahren werden können. Nach jedem Durchgang wird der Empfänger gefragt, welche Reaktionen er (oder sie) wahrgenommen hat. Aus der Erfahrung zeigt sich, dass die meisten Teilnehmer zunächst auf emotionaler Ebene antworten. Häufig beschreiben sie Gefühle von Überraschung, Ärger, Angst oder Hilflosigkeit und die Tendenz, dass sie am liebsten verschwinden oder sich wehren wollten, was der bereits genannten Kampf-Flucht-Reaktion entspricht.

Um zu einer körperorientierten Wahrnehmung und operationalen Sprache zu gelangen, werden die Reaktionen auf physischer Ebene exploriert, wie beispielsweise Atmung, Herzschlag, Temperatur, Muskelanspannung und Bewegungen, die der Empfänger in verschiedenen Körperbereichen wahrnimmt.

Aus Sicht eines Beobachters zeigen sich häufig Reaktionen wie kurzes Anhalten der Atmung, nervöse Augenlidschläge, Zurückweichen oder Vorlehnen von Kopf, Oberkörper oder Becken sowie auch eine sichtbare Anspannung von Gesichtsmuskeln, Händen, Armen, Schultern oder Beinen. Diese Beobachtungen können dem Empfänger helfen, die eigenen üblichen Reaktionsmuster besser zu verstehen und diese als Bezugspunkte und Marker für zukünftige Veränderungen zu nutzen.

Im Anschluss an die Exploration mit dem Stress-Empfänger werden die Beobachter gebeten, ihre Wahrnehmungen mitzuteilen und auszutauschen. Oft nehmen die Beobachter Veränderungen in Körperhaltung und Körperbewegungen wahr, die dem Empfänger entgangen sind, was für das Verständnis der typischen Reaktionsmuster ergänzend und hilfreich sein kann.

Übung A: Stress-Simulation – körperlicher Trigger (nach Paul Linden 2007) Diese einfache und wirksame Simulation hilft zu erfahren, wie wir auf überwiegend physische Bedrohungen und Angriffe reagieren. Der Stress-Geber und der Empfänger stehen in etwa 2 bis 3 m voneinander entfernt. Dabei wird der Empfänger gebeten, sich im ersten Durchgang nicht zu zentrieren. Der Stress-Geber wirft mit vorheriger Ankündigung ein zusammengeknülltes Kosmetik- oder Papiertaschentuch in Richtung Oberkörper des Empfängers, etwa zwischen Hals und Gürtellinie. Für die meisten Empfänger stellt diese Situation eine minimale oder unwesentliche Bedrohung dar, kann aber bei empfindsamen Personen bereits als eindringlich und gewaltsam erlebt werden.

Im Fall, dass der Empfänger keine Reaktionen wahrgenommen hat, lässt sich der Angriff im Sinne der Kalibrierung steigern. Beispielsweise kann das Tuch fester zusammengeknetet oder befeuchtet werden, sodass der Aufprall stärker wird und dadurch eine Reaktion ausgelöst wird. Sollte der erste Angriff bereits als zu stark wahrgenommen werden, kann es für eine Wiederholung des Angriffs ausreichen, nur mit dem Wurf-Arm auszuholen, ohne das Tuch tatsächlich zu werfen. In jedem Fall ist das Ziel, einen für den Empfänger tolerierbaren Angriff zu simulieren, der für die anschließende Exploration der Reaktionen hilfreich ist.

Im zweiten Durchgang leitet der Stress-Geber den Empfänger an, sich zunächst zu zentrieren. Anschließend wird der Angriff mit dem Papiertuch wiederholt, und zwar in der Stärke, die im nicht-zentrierten Zustand zu wahrnehmbaren Stress-Reaktionen geführt hat. Bei der anschließenden Exploration berichten die meisten Teilnehmer, dass sie deutlich geringere bzw. keine Stress-Reaktionen erlebt haben oder den Angriff gar nicht als solchen wahrgenommen haben.

Übung B: Stress-Simulation – verbaler Trigger (nach Mark Walsh 2017) Die folgende Übung simuliert eine vorwiegend psychische Bedrohung. Stress-Geber und Empfänger stehen wiederum 2 bis 3 m voneinander entfernt. In dieser Übung wird der Empfänger gebeten, sich eine Person ins Gedächtnis zu rufen, bei der bereits das Hören oder Lesen ihres Namens einen Trigger darstellt und sehr wahrscheinlich eine Stress-Reaktion auslöst. In Kursen, in denen Kollegen desselben Unternehmens teilnehmen, ist es wichtig, dass der Empfänger nicht den tatsächlichen, sondern einen neutralen Namen für die Trigger-Person wählt. Auf diese Weise werden Datenschutz und Vertraulichkeit der Trigger-Person gewährleistet.

Wie Übung A beginnt Übung B mit der nicht-zentrierten Variante. Der Stress-Geber macht einen Schritt in Richtung des Empfängers und spricht den Namen der Trigger-Person zunächst ruhig und leise aus, was in der Mehrzahl der Fälle bereits zu deutlichen Reaktionen führt. Nach der anschließenden Exploration der wahrgenommenen Reaktionen wird der Empfänger gefragt, ob er eine stärkere Stufe des Triggers erfahren möchte. Bei Zustimmung macht der Stress-Geber einen weiteren Schritt in Richtung des Empfängers und spricht den Trigger-Namen deutlicher und lauter aus. Bei den meisten Teilnehmern führt dies zu einer deutlich stärkeren Stress-Reaktion.

Im nächsten Schritt erfolgt die Übung B in der zentrierten Variante. In der Praxis zeigt sich, dass der Empfänger deutlich schwächere oder gar keine Reaktionen zeigt. Häufig berichten die Empfänger, dass sie eine Art Schutzschild, Bubble

(Hülle) oder Firewall (Brandmauer) um sich herum wahrnehmen und der Trigger-Name an ihnen vorbeigleitet oder sich im Raum auflöst. Aufgrund dieser Reaktionen entsteht für viele Teilnehmer das Gefühl, dass ein verbaler Angriff sie nicht mehr tief berührt und sie sich daher weder angegriffen noch verletzt fühlen.

Übungen: Stress-Tests für die Lernphase Über diese beiden beschriebenen Übungen hinaus können im Alltag Stress-Tests genutzt werden, um die Unterschiede zwischen Nicht-Zentriertheit und Zentriertheit zu erfahren. Besonders in der Einübungsphase (10 Wiederholungen × 50 Tage) können diese Tests hilfreich sein bei der Einschätzung, wie sich die Fähigkeit zur Zentrierung mit zunehmender Übung verändert.

Für den Alltag bieten sich insbesondere Übungen an, die den persönlichen Raum betreffen. Dazu eignen sich Orte wie beispielsweise Aufzug, Bus, Bahn oder Flugzeug, wo die Einhaltung von präferierten Abständen und Grenzen nahezu unmöglich ist. Zusätzlich bieten sich Stabilitäts- und Balanceübungen an. Beispielsweise können wir uns mit einem Fuß auf ein zusammengerolltes Handtuch oder Balancierbrett stellen und testen, wie gut und wie lange wir unser Gleichgewicht im zentrierten bzw. nicht-zentrierten Zustand halten können. Um zu prüfen, wie wir auf eher unangenehme physische Einwirkungen reagieren und wie lange wir unsere Zentriertheit halten können, sind eine kalte Dusche oder Schwimmen in kühlem Wasser geeignet.

Eine interessante Variante für den Alltag ist, die Zentrierungsfähigkeit während überwiegend kognitiver Aktivitäten zu testen, wie beim Sprechen auswendig gelernter Gedichte oder Singen von Liedern. Grundsätzlich sind der Kreativität keine Grenzen gesetzt und ich möchte alle ermuntern, eigene Stress-Tests zu entwickeln, um den Lernfortschritt zu verfolgen. Für alle Übungen gilt: Sicherheit zuerst, damit Schmerzen, Verletzungen oder andere negativen Folgen ausgeschlossen sind!

Praxis der Zentrierungstechnik 5

> *It's not about getting good at the practice; it's about getting good at your life.*
>
> Amanda Blake (2018a)

5.1 Von der Einübung zur Automatisierung

Auch wenn die Technik der Zentrierung zunächst einfach und plausibel erscheint, profitieren wir von ihrer vollen Wirkung nur durch regelmäßige Übung und Wiederholung. Wenn wir die Technik nur gelegentlich ausführen, werden wir keine nachhaltige Veränderung und keinen positiven Nutzen erfahren. Wir können die Technik der Zentrierung zwar in kurzer Zeit erlernen, brauchen jedoch mindestens 500 Wiederholungen (Palmer und Crawford 2013, S. 22), um eine optimale Wirkung zu erreichen. Durch die regelmäßige Übung der Technik erwerben wir eine neue Fertigkeit und Gewohnheit, die uns in Fleisch und Blut übergehen muss, bevor sie hinreichend automatisiert und jederzeit abrufbar wird. Die gute Nachricht ist, dass eine Wiederholung nur wenige Sekunden dauert. Wir benötigen keine zusätzliche Zeit und müssen zu keinem bestimmten Ort gehen, um die Übungen in unseren Tagesablauf zu integrieren.

In der Einübungsphase bedarf es täglich mindestens 10 Wiederholungen über einen Zeitraum von mindestens 50 Tagen – je mehr, desto besser. Auch wenn diese Zahlen auf den ersten Blick hoch erscheinen mögen, sollten wir uns vor Augen halten, dass tausende von Wiederholungen notwendig sind, um ein wahrer Meister seines Faches zu werden. Unter der Annahme, dass eine Wiederholung etwa 5 bis 7 s dauert, beträgt der Gesamtaufwand von 500 Wiederholungen weniger als eine Stunde!

© Springer Fachmedien Wiesbaden GmbH, ein Teil von Springer Nature 2020
M. Barbarino, *Zentrierung,* essentials,
https://doi.org/10.1007/978-3-658-28392-6_5

Nach dem Prinzip der Steigerung und Kalibrierung ist es besonders zu Beginn der Einübungsphase sinnvoll, die Zentrierungstechnik zunächst in neutralen und eher angenehmen Situationen zu üben. Grundsätzlich sollte die Übung morgens nach dem Aufstehen, vor dem Zubettgehen, vor oder nach dem Zähneputzen ausgeführt werden. Außerdem bieten sich Momente zum Üben an, in denen wir beispielsweise auf Bahn, Bus oder Straßenbahn warten, eine Tasse Kaffee oder Tee gebrüht wird, unsere Printjobs ausgedruckt werden oder, wenn wir an der Kasse stehen, um unsere Einkäufe zu bezahlen. Mit zunehmender Praxis können wir uns dann auch während weniger angenehmer Momente zentrieren, zum Beispiel vor und nach einem schwierigen Gespräch, vor einer roten Ampel oder im Stau und wenn wir bei einer Verabredung zu lange warten müssen. Schließlich können wir uns vor und nach stressvollen Ereignissen zentrieren und wir sind in der Lage, die Technik auch in Situationen anzuwenden, in denen wir stark getriggert werden.

5.2   Erinnerungshilfen

Am Ende von Kursen und Workshops zum Thema Zentrierung sind viele Teilnehmer enthusiastisch und wollen schon am folgenden Tag mit der Übung der Zentrierungstechnik beginnen. Bei Nachfrage hören jedoch viele Praktizierende schon nach wenigen Tagen auf und geben an, dass sie die regelmäßige Übung in dem oft überladenen Alltag schlicht und einfach vergessen. Als Hilfe ist es daher ratsam, zu Hause und im Büro Aufkleber, Fotos oder Symbole und Objekte zu benutzen, um sich an die Praxis zu erinnern. Eine Kursteilnehmerin berichtete nach einigen Wochen, dass sie sich kleine rote Klebepunkte in einem Büroladen gekauft und diese an verschiedenen Orten wie Badezimmerspiegel, Drucker, Kaffeemaschine und Lenkrad geklebt habe, um sich so an die regelmäßige Übung zu erinnern. Auch Smartphones oder Tablets können genutzt werden, um mittels Alarmmeldungen oder Bildschirm-Fotos an die Zentrierungsübung zu erinnern. Für manche mag es hilfreich sein, einen Lernpartner zu finden, mit dem sie sich über ihre Erfahrungen austauschen, und so ihre Übungs-Motivation aufrechtzuerhalten.

Für die Personen, die gerne schreiben, kann es nützlich sein, sich ein *Übungs-Tagebuch* oder Notizbuch anzulegen, mit dem der Verlauf der Einübungsphase festgehalten und verfolgt wird.

Dazu bieten sich folgende Fragen und Überlegungen an:

- Wann, wo und wie oft wiederhole ich die Zentrierungstechnik?
- Welche Hindernisse nehme ich wahr, die meine Übungen unterbrechen oder gar zum Stillstand bringen?
- Wie verändere ich meine Übungen über die Zeit?
- Welchen Nutzen und welche kleineren und größeren Erfolge erfahre ich?
- Wann und wie bemerke ich, dass ich im Zustand der Zentriertheit weniger oder gar nicht mehr durch eigene Gedanken, andere Menschen oder Situationen getriggert werde?

Beim Schreiben ist es ebenso wichtig, mit achtsamer und bewertungsfreier Beobachtung und Wahrnehmung zu reflektieren. Auf diese Weise können wir vermeiden, dass der innere Kritiker (wieder einmal) die Oberhand gewinnt und wir uns durch eigene Schuldzuweisung und Scham klein, schwach und hilflos machen. Sollten wir unsere Übungen für einen längeren Zeitraum vergessen oder aus anderen Gründen unterbrochen haben, besteht immer die Möglichkeit, unsere Reise fortzusetzen, bis wir unser Ziel erreicht haben.

5.3   Besonderheiten

Zu Beginn einer Einübungsphase ist es möglich, dass wir ungewöhnliche Empfindungen und Spannungen im Körper wahrnehmen oder bestimmte Körperstellen sich nahezu taub anfühlen. Dieses Nicht-Fühlen-Können ist normal, vor allem wenn wir über einen längeren Zeitraum nicht ausreichend in Kontakt mit unserem Körper waren und wenn wir unser Körperbewusstsein unterdrückt und ausgeblendet haben. In diesen Fällen ist es ratsam, einen Spezialisten für Körperarbeit (z. B. Rolfing, Alexander-Technik, Feldenkrais) aufzusuchen, um Körperspannungen und -blockaden aufzulösen oder sich mit Körperempfindungen besser vertraut zu machen.

Viele von uns hatten in der Vergangenheit möglicherweise traumatische Erlebnisse, die vielleicht zu der bewussten oder auch unbewussten Entscheidung geführt haben, nichts mehr fühlen und empfinden zu wollen. In diesen Fällen ist immer ein Spezialist zurate zu ziehen. Ein somatischer Coach, Psychotherapeut oder Trauma-Therapeut kann helfen, die Erlebnisse aufzuarbeiten (Porges 2019; Schmidt 2008; Treleaven 2019).

Zu Beginn der Einübungsphase entsteht leicht der Eindruck, dass es sich nur um das Erlernen und Ausführen einer Technik handelt, um unsere psycho-biologischen Reaktionsmuster zu regulieren. Vielmehr ist Zentrierung ein ganzheitlicher Weg, um Kopf, Herz und Bauch in Einklang zu bringen und so mit uns selbst, mit unseren Mitmenschen und der Welt in einen offenen Kontakt zu treten. Wenn uns das gelingt, können wir daraus eine neue Form des Daseins und Erlebens und somit eine neue Lebenseinstellung und einen neuen Lebensstil entwickeln. Wie bereits gesagt, ist Zentriertheit ein temporärer Zustand und daher ist es völlig normal, dass wir unsere Zentriertheit auch wieder verlieren. Das Ziel ist nicht, ständig zentriert zu sein, sondern vielmehr geht es darum, häufiger und mit mehr Leichtigkeit in die Zentriertheit zurückzukommen.

An dieser Stelle sei nochmals betont:

- Zentrieren ist keine therapeutische Maßnahme, sondern das Erlernen und die Aufrechterhaltung einer Fertigkeit und Gewohnheit.
- Zentrierung ist immer achtsam! auszuführen.

Empirische Grundlagen 6

> *There is a centre of stillness within us, which has to be*
> *known and held. If we lose it,*
> *we are in tension and begin to fall apart.*
>
> Joseph Campbell (1988)

6.1 Körperorientierte Selbstwahrnehmung

In den vergangenen 10 bis 20 Jahren haben Konzepte und Praktiken im Bereich Achtsamkeit sowie Körperorientierung im Privat- und Berufsleben an Bekanntheit und Popularität gewonnen, allen voran Yoga, Meditation und die Kampfkünste. Zeitgleich stieg die Anzahl der Studien und Publikationen (Blake 2018b; Cuddy 2016; Fogel 2013; Palmer und Crawford 2013; Storch und Tschacher 2016), die die psycho-biologischen Interaktionen und Wirkungsfaktoren zwischen Psyche und Körper untersuchen. Auch wenn zum Zeitpunkt der Fertigstellung dieses Buches keine experimentell kontrollierte Studie zur exakten Wirkungsbeschreibung der Zentrierungstechnik bekannt ist, gibt es eine Reihe wissenschaftlicher Erkenntnisse zur Aufmerksamkeitsregulation, Aktivierungsregulation und zu spezifischen Entspannungs- und Meditationstechniken, aus der sich eine empirische Basis für die Zentrierungstechnik ableiten lässt. Aus Untersuchungen zur Wirkung von Yoga und Meditation gibt es hinreichende Belege, dass beispielsweise durch verlangsamte und tiefere Atmung die Herzfrequenz und der Blutdruck gesenkt werden können (Clark 2018, S. 297).

Besonders in der westlichen Arbeitswelt wird häufig argumentiert, dass Kopf und Verstand die wesentliche und zentrale Steuerfunktion für unser Erleben und Verhalten einnehmen. Wie ein Kollege vor Jahren anmerkte: „Mein Körper ist so

© Springer Fachmedien Wiesbaden GmbH, ein Teil von Springer Nature 2020
M. Barbarino, *Zentrierung*, essentials,
https://doi.org/10.1007/978-3-658-28392-6_6

eine Art Vehikel, welches mein Gehirn von A nach B transportiert". Als er Jahre später nach einer einjährigen Burnout-Auszeit in einem Stress-Management-Seminar erschien, hörte sich seine Sichtweise deutlich körperbewusster an. Der erste Schritt, um mit sich selbst und anderen in Verbindung zu treten, ist daher das Lernen bzw. Wiedererlernen der körperorientierten Selbstwahrnehmung.

Dazu schreibt der Entwicklungspsychologe Alan Fogel (2013), dass es sich bei verkörperter Selbstwahrnehmung um die Fähigkeit handelt, Körperhaltungen und Körperbewegungen, Gefühle und Emotionen zu spüren. Er schreibt:

> „Bevor wir als Kinder sprechen und verstehen lernen, lernen wir, uns auf das hinzubewegen, was uns guttut und uns von dem abzuwenden, was uns nicht guttut. Das bewusste Erleben der Körpergefühle ist unerlässlich, um uns erfolgreich ohne Verletzung und Stress in der physischen und sozialen Welt zu bewegen. Körperorientierte Selbstwahrnehmung wird über neuromotorische und neurohormonale Mechanismen vermittelt, die Rückkopplungen zwischen dem Gehirn und dem Rest des Körpers herstellen." (Fogel 2013, S. VIII).

Aus diesem Sich-Selbst-Bewusst-Werden und durch die Aktivierung unserer Spiegelneuronen (Palmer und Crawford 2013, S. 125–127; Storch und Tschacher 2016, S. 43–44) können wir verbesserte Wahrnehmung und Bewusstheit für unsere Mitmenschen entwickeln. Das daraus resultierende Mitgefühl und Empathie helfen uns, sich in die Erlebnis- und Gefühlswelt anderer Personen zu versetzen. Selbstwahrnehmung ist folglich nicht nur Voraussetzung für Selbstregulation, sondern auch für gegenseitige, soziale Regulation, wenn wir in Kontakt mit anderen Personen treten und beispielsweise eine teilnehmende und unterstützende Rolle als Eltern, Partner, Freund, Coach oder Psychotherapeut einnehmen.

6.2   Stress-Reaktionsmuster

Stress-Reaktionen Zum besseren Verständnis der Wirkungen von Zentrierung ist es sinnvoll, unsere psycho-biologischen Reaktionen auf Angriffe und Bedrohungen zu betrachten. Psychologische und neurowissenschaftliche Untersuchungen haben Hinweise geliefert (Blake 2018b; Fogel 2013), dass sich unsere Stress-Reaktionen zuerst im Körper zeigen, bevor sie unser Bewusstsein erreichen. In Abhängigkeit von unserer Veranlagung und Lerngeschichte verfügen wir über Reaktionsmuster, die unser Bedürfnis nach Kontrolle und Respekt (Kopf), Zugehörigkeit (Herz) und Sicherheit (Bauch) abdecken (Blake 2018b; Clark 2018; Palmer und Crawford 2013). Im zentrierten Zustand sind diese drei

Bereiche in Harmonie und im Einklang. Folglich fühlen wir uns offen, verbunden, entspannt und bereit, mit einer Herausforderung oder Bedrohung effektiv umzugehen.

Wenn uns ein Stressor triggert und wir unser Gleichgewicht und folglich unsere Zentrierung verlieren, gewinnt einer der Bereiche (Kopf, Herz oder Bauch) die Oberhand, was durch Veränderungen in unserer Körperhaltung, Bewegung, Mimik und unseren Handlungen sichtbar wird. Stress-Reaktionen lassen sich somit als Antwortmuster auf Situationen und Erlebnisse beschreiben, die unsere Bedürfnisse nach Kontrolle und Respekt, Zugehörigkeit und Sicherheit bedrohen. Diese Muster gehen u. a. einher mit erhöhter muskulärer Anspannung der Beugemuskulatur in verschiedenen Körperbereichen und einem Sich-Klein-machen. Dieser Zustand wiederum führt in der Regel zur Einschränkung der geistigen, emotionalen und physischen Wahrnehmung sowie des Handlungsspielraums.

Die Polyvagal-Theorie Auf Basis der Polyvagal-Theorie von Porges (2019) lassen sich unsere Stress-Reaktionen als eine Hierarchie wirksamer Verteidigungs- bzw. Schutzmechanismen beschreiben, die uns zum Überleben befähigen. Das autonome Nervensystem umfasst den Sympathikus und den Parasympathikus. Der Sympathikus aktiviert unseren Körper hin zu aktivem Verteidigungsverhalten wie der von Cannon (1932) beschriebenen Kampf-Flucht-Reaktion. Die Ausschüttung der Stress-Hormone Adrenalin, Noradrenalin und das von Selye (1976) in die Stress-Analyse einbezogene Kortisol führen dabei zu erhöhtem Stoffwechsel, Aufmerksamkeit und mentaler Wachheit.

Der Sympathikus stoppt vorübergehend Verdauungs- und Harnaktivität und verstärkt Blutfluss, Kreislauf, Blutdruck, Herzfrequenz und muskuläre Aktivität. Zusätzlich aktiviert er die Energiebereitstellung, erhöht die Atemfrequenz und weitet die Atemwege. Der Parasympathikus hingegen innerviert die inneren Organe und reguliert die Erholungs- und Ruhereaktionen. Jede Form von Entspannung, Erholung und Untätigkeit wird vom parasympathischen Zweig des autonomen Nervensystems gesteuert. Der Zweig schaltet um auf Verdauung, Energieeinsparung, senkt den Blutdruck und die Herzfrequenz, den Stoffwechsel und äußere Aktivitäten.

Im Sinne einer neuronalen Hierarchie wirksamer Verteidigungs- und Schutzmechanismen beschreibt Porges drei Funktionseinheiten: den sympathischen, den oberen parasympathischen/sozialen Zweig des autonomen Nervensystems und den unteren, eher Notfall-orientierten Teil des Parasympathikus:

- Der Sympathikus springt an, wenn Gefahr droht, und ermöglicht selbstsichere und lebenserhaltende Verteidigungsreaktionen, die als Kampf- oder Fluchtverhalten bekannt sind.

- Bei Gefühlen von Hilflosigkeit, Verzweiflung oder Ohnmacht schaltet der Körper auf den alten/unteren Parasympathikus-Zweig um, der als dorsaler Vagus-Zweig nach Porges einen alten wichtigen Schutzmechanismus aktiviert. Dieser führt in ausgeprägt bedrohlichen Situationen zu innerer Abschaltung und bringt den Körper in eine Erstarrungs- oder Totstellreaktion, die uns im Extremfall auf Sterben und Tod vorbereitet. Dies ist nach Selye eine typische Situation für eine massiv erhöhte Kortisol-Ausschüttung.

- Der ventrale Vagus-Zweig schaltet sich dann ein, wenn wir uns sicher fühlen, er fördert die Entspannung und Regeneration und befähigt uns, aufgrund einer großen Bandbreite kommunikativer und sozialer Fertigkeiten gut zu funktionieren.

- Wenn der ventrale Vagus anspringt, reduziert er die Aktivierung des Sympathikus und des dorsalen Vagus-Zweiges, was nahelegt, dass positiv erlebte soziale Interaktion eine beruhigende Wirkung für unsere Selbst- und soziale Regulation hat. Auf dieser Grundlage lässt sich ableiten, dass die regelmäßige Praxis von Körpertechniken wie die der Zentrierung dazu beitragen können, dass der ventrale Vagus-Zweig anspringt und wir mit uns selbst und anderen einen offenen und positiven Kontakt aufnehmen können.

6.3   Wirkungen der Zentriertheit

Zurück zu effektiver Handlungsfähigkeit Anouk Brack beschreibt in dem E-Buch von Walsh (2017, S. 34) generelle Effekte, die die Verbindung zwischen Zentrierung und den daraus resultierenden psycho-physiologischen Veränderungen umfassen. Unter anderem führt sie aus, dass die meisten Zentrierungsformen auf Auf- und Ausrichtung des Körpers abzielen und somit die Streckmuskeln aktiviert werden. Gleichzeitig werden die äußeren Muskeln des Körpers entspannt, was die Aktivierung der Beugemuskeln verringert. Dieser Zustand vermittelt ein positives Gefühl von Sicherheit, innerer Kraft und Verbundenheit mit uns selbst und anderen. Werden wir getriggert und wird folglich eine Kampf-Flucht-Reaktion ausgelöst, reduziert sich unsere Wahrnehmung und unsere Handlungsfähigkeit in Bezug auf die Herausforderung oder Bedrohung wird eingeschränkt. Zentrierung hingegen führt zur

Erweiterung unseres visuellen, auditiven und kinästhetischen Bewusstseins und der Wahrnehmung des uns umgebenden Raumes. Durch die Erweiterung können wir der Herausforderung aus unserer umfassenden Handlungsfähigkeit heraus begegnen.

Kleine Körpertechniken – große Wirkung Seit einigen Jahren steigt die Anzahl von Veröffentlichungen und Trainingsprogrammen, die die Praxis und den Nutzen von einfachen Körperübungen (Croos-Müller 2015) und Power-Posen (Albrecht 2017; Cuddy 2016) propagieren. Ähnlich wie bei der Zentrierungstechnik ist das Ziel dieser Übungen, kraftvolle Präsenz, Selbstvertrauen, Offenheit, Gelassenheit und Resilienz zu fördern. Die von der Neurologin und Psychotherapeutin Claudia Croos-Müller entwickelte Body2Brain ccm®-Methode besteht u. a. aus einfachen Körperübungen (z. B. lachen, summen, singen, gähnen, berühren) mit mentaler, emotionaler und körperlicher Sofortwirkung. Ihre Annahme ist, dass bereits kleine Körperinterventionen und positive Visualisierungen (z. B. das genannte lächelnde Herz) sogenannte Glückshormone wie Dopamin, Serotonin, Endorphine und Oxytocin freisetzen, die als Gegenmittel zu den genannten Stress-Hormonen wie Adrenalin, Noradrenalin und Kortisol wirken.

Ähnliche Annahmen und empirische Ergebnisse berichtet Amy Cuddy (2016, S. 260–270). Von Interesse für die Wirkung von Zentrierung sind die Ergebnisse ihrer Studien, dass einfache Änderungen unserer Körperhaltung dazu beitragen, ob wir beispielsweise eine Verabredung treffen, einen Job oder eine Gehaltserhöhung erhalten. Eines ihrer bekanntesten Experimente zeigt, dass *Power-Posen* im Stehen oder Sitzen bereits nach einer Minute zu messbaren Unterschieden in den psychischen und physischen Reaktionen und im Verhalten führen. Teilnehmer, die High-Power-Posen (aufrechte Körperhaltung) einnehmen, zeigen in Speichelproben einen Anstieg von Testosteron und niedrigere Werte des Stress-Hormons Kortisol. Bei den Teilnehmern, die Low-Power-Posen (erschlaffte und vorgebeugte Körperhaltung) einnehmen, zeigt sich der umgekehrte Effekt: niedrigere Testosteron- und höhere Kortisolwerte.

Wie Blake (2018b, S. 118–119) anmerkt, sind diese Ergebnisse aufgrund kleiner Stichproben und mangelnder Replizierbarkeit der Experimente jedoch nach wie vor umstritten. Unabhängig von ihren eigenen Ergebnissen führt sie an, dass mehr als 50 Studien gezeigt haben, dass die regelmäßige Ausübung von Power-Posen zu positiven Emotionen und dem Gefühl von innerer Stärke führen können.

Bessere Entscheidungen treffen Als eine weitere Wirkung beschreibt Janet Crawford (Palmer und Crawford 2013, S. 168–170) das durch die Zentriertheit erweiterte „Fenster der Wahl". Bevor wir auf einen Stressor reagieren, bleiben uns Bruchteile von Sekunden, in denen wir uns für die eine oder andere Aktion entscheiden können. Im ersten Schritt werden wir uns bewusst, dass eine Aktion notwendig und sinnvoll ist. Im nächsten Schritt entscheiden wir uns entweder für eines unserer üblichen oder für ein alternatives Reaktionsmuster. Dies ist der kurze Moment, in dem wir manchmal realisieren, dass eine alternative Reaktion bzw. Verhaltensweise wahrscheinlich besser für uns wäre, uns jedoch häufig für eines unserer gewohnten Muster entscheiden.

Crawford nennt als Beispiel unser Essverhalten, wie wir nach einem Keks greifen und unmittelbar denken ‚besser nicht' und uns kurz danach sagen: ‚es ist ja sowieso der letzte und in Zukunft werde ich ohnehin keine Kekse mehr kaufen'. Aus diesem Beispiel leitet sie ab, dass unsere normalen Zeitfenster in der Regel zu kurz sind, um uns willentlich für ein neues und besseres Verhalten zu entscheiden. Mit zunehmender Übung und Automatisierung der Zentrierungstechnik können wir diese Zeitfenster verlängern, indem wir in der Zentriertheit kurz innehalten und uns möglicherweise für eine bessere Verhaltensweise entscheiden. Wenn wir beispielsweise die Tendenz haben, in einen Streit- und Kampfmodus überzugehen, nachdem uns jemand zurechtgewiesen hat, dann werden wir wahrscheinlich sofort Kontra geben. Im Zustand der Zentriertheit können wir uns hingegen eine kleine Pause und Distanz schaffen und uns überlegen, ob diese Reaktion für uns hilfreich ist, ob eine andere möglicherweise zielführender wäre oder ob es vielleicht am besten wäre, gar nicht zu reagieren. Clark (2018, S. 299) beschreibt dazu ergänzend, dass wir vier mögliche Reaktionsmuster zur Verfügung haben, um mit starken Gefühlen umzugehen.

- Weglaufen vor dem, was geschieht.
- Versuchen zu ändern, was geschieht.
- Aufgeben und durchleiden, was geschieht.
- Akzeptieren, was geschieht.

Vermittlung und Praxisbeispiele

The way we sit and stand can change the way we think and speak.

Wendy Palmer (2013)

7.1 Vermittlung der Zentrierungstechnik

Vermittler Die hier und in der zitierten Literatur beschriebenen Formen der Zentrierungstechnik sind urheberrechtlich nicht geschützt und daher als Open-Source zu verstehen. Die Vermittlung der Zentrierungstechnik sollte aus Ethik- und Sicherheitsgründen nur von erfahrenen Spezialisten wie Psychologen, Psychotherapeuten, Coaches oder Achtsamkeits-Trainern durchgeführt werden. Besonders der Einsatz der genannten Stress-Simulationen kann bei manchen Lernenden zu unerwarteten Überwältigungsreaktionen führen, die einen professionellen Umgang erfordern.

Zielgruppen Wie bereits in der Einleitung erwähnt, ist die Anwendung der Zentrierungstechnik mannigfaltig und eigentlich kann jeder von ihrer positiven Wirkung profitieren. Die in diesem Buch beschriebene Form der Zentrierungstechnik wurde in erster Linie für die Anwendung im Berufsleben adaptiert.

© Springer Fachmedien Wiesbaden GmbH, ein Teil von Springer Nature 2020
M. Barbarino, *Zentrierung,* essentials,
https://doi.org/10.1007/978-3-658-28392-6_7

Daraus ergibt sich eine Reihe von Zielgruppen, die nachfolgend beispielhaft aufgeführt werden:

- Fach- und Führungskräfte
- Piloten, Fluglotsen und andere Berufsgruppen in sicherheitskritischen Bereichen
- Soldaten, Polizisten, Feuerwehrleute, Notfall-Personal, Ärzte, Lehrer und andere Berufsgruppen mit hohen Stress-Anforderungen
- Athleten, Tänzer, Schauspieler, Musiker, Sänger und ähnliche Berufsgruppen, die zu einem gegebenen Zeitpunkt ihre Leistung auf den Punkt bringen müssen
- Berufsgruppen, die in ständigem Austausch mit Kunden, Klienten und Patienten stehen

Trainingsformen Aufgrund eigener Erfahrung lässt sich die Zentrierungstechnik innerhalb von Sitzungen mit mindestens 2 bis 3 Stunden hinreichend vermitteln, sodass die Teilnehmer im Anschluss mithilfe einer schriftlichen Anleitung die Technik selbstständig praktizieren können. Zur praktischen Durchführung bieten sich dafür sowohl Coaching- und Therapie-Sitzungen als auch Trainingsmodule an, die alleinstehend oder als Teil einer Trainingsmaßnahme (z. B. Stress-Management- oder Achtsamkeits-Training) integriert werden. Im Anschluss an diese Vermittlungseinheiten ist es sinnvoll, dass der Trainer den Teilnehmern eine E-Mail-Adresse und Telefonnummer zur Verfügung stellt, für den Fall, dass sie weitere Fragen zur Technik, Praxis oder Anwendung der Zentrierung stellen möchten.

7.2 Praxisbeispiele

Sein Bestes geben Zentrierung ist hilfreich, wenn wir vor Situationen stehen, in denen wir eine besondere Leistung erbringen wollen. Darunter fallen Momente wie vor einem Vorstellungsgespräch, einem Vortrag, einer Prüfung oder einem Auftritt. Besonders Athleten, Schauspieler, Tänzer, Musiker und Sänger kennen diesen kritischen Moment kurz vor einem Auftritt oder Wettbewerb, wenn sie sich möglicherweise durch Lampenfieber und Versagensängste beeinträchtigt fühlen.

Als Vorbereitung auf solche Ereignisse kann es förderlich, soweit möglich, sich etwa 10 bis 15 min vorher in einem Nebenraum körperlich und geistig auf den Einsatz einzustellen. Nach einer ersten Zentrierungsübung ist es empfehlenswert, sich mit leichten körperlichen Mobilisierungsübungen aufzuwärmen, hauptsächlich mit sanften Rotationen von Kopf bis Fuß. Durch die Bewegung wärmen wir den Körper auf und bringen uns ins Gleichgewicht, fokussieren uns und treten mit uns selbst in Kontakt. In einer zweiten Zentrierungseinheit können die

Elemente der Grundform (Atmung, Körperhaltung und lächelndes Herz) zeitlich verlängert werden. Dabei hilft die Vorstellung von einem Bild oder Symbol, das uns Stärke, Offenheit und Gelassenheit gibt und uns auf das bevorstehende Ereignis einstellt. In der Praxis hat sich gezeigt, dass einige Personen umgehend in der Lage sind, solche Bilder oder Symbole zu aktivieren, andere dafür mehrere Wiederholungen benötigen.

Soziale Interaktionen und Interventionen Zentrierung kann in jeder Form von sozialem Kontakt mit Kollegen, Kunden und Klienten wie Gespräche, Telefonate wertvolle Hilfe leisten. Vor einem Gespräch können wir durch Zentrierung Präsenz im Hier und Jetzt schaffen und somit Gedanken über Vergangenes und Zukünftiges loslassen. Gerade zu Beginn einer Besprechung ist es sinnvoll, sich selbst und, wenn möglich, sich gemeinsam mit dem Gegenüber zu zentrieren. Sollten wir in der Interaktion inhaltlich abschweifen oder übermäßig emotional werden, sind diese Momente geeignet, sich erneut zu zentrieren. Bei Interventionen wie Coaching- oder Psychotherapie-Sitzungen ist es sinnvoll, erst sich selbst und dann gemeinsam mit den Klienten zu zentrieren. Zudem kann die Zentrierung hierbei als Selbstregulationstechnik vermittelt werden, die den Veränderungs- und Heilungsprozess positiv unterstützen sollte.

Nähe und Distanz schaffen Jeder Mensch besitzt einen persönlichen Raum, der ihm hilft, sich gegenüber anderen abzugrenzen und zu schützen. Abhängig von Kultur, Situation und Grad der Vertrautheit ist dieser vergleichbar mit einem gedachten kreisförmigen Raum, der in etwa unserer gestreckten Armlänge entspricht. Im formalen Umgang mit Kollegen und Kunden bleiben wir in diesem Raum und berühren den der anderen nicht. Wie Wendy Palmer (2013, S. 19–23) beschreibt, kann Zentriertheit uns helfen, diesen Raum und folglich unsere Präsenz zu erweitern. Mit der Erweiterung können wir andere einbeziehen im Sinne von „Wir sind hier in dieser Situation zusammen". Einbeziehung ermöglicht menschliche Verbindung, Offenheit und Zugehörigkeit. Wenn wir uns dagegen von einer Person bedroht fühlen, werden wir in der Regel unseren persönlichen Raum verschließen und damit die andere Person ausschließen, was zu Trennung und Isolation beider Seiten führt. Durch die Technik der Zentrierung lässt sich ein Schutzraum im Sinne einer flexiblen Membran bilden, die wir nach Bedarf öffnen oder schließen können. Folglich verschaffen wir uns damit die Möglichkeit, Nähe und Distanz so anzupassen, wie es sich für uns sicher und gut anfühlt.

Zentriertes Zuhören Wie Palmer und Crawford (2013, S. 51–66) ausführen, neigen wir im Umgang mit anderen und in Gesprächen dazu, das Gesagte persönlich zu nehmen, was häufig zu Angst, Ärger, Enttäuschung, Selbstzweifel und Konflikten führt. In den meisten Fällen beinhaltet die Aussage einer anderen Person einen Anteil, der es wert ist zu reflektieren und den wir möglicherweise für unser weiteres Denken und Handeln in Betracht ziehen sollten. Jede Aussage beinhaltet zudem auch einen Anteil, der etwas über den Sender preisgibt und häufig von dessen Situation, Stimmung und anderen Einflussfaktoren abhängt, aber nichts mit dem Empfänger persönlich zu tun hat. Zentriertes Zuhören kann uns helfen, diese beiden Anteile zu erkennen und dem für uns interessanten Teil der Nachricht mit Offenheit und Interesse zu begegnen und ihn möglicherweise für unser weiteres Vorgehen in Betracht zu ziehen.

Seinen Standpunkt vertreten Eine weitere Kompetenz, die sich mithilfe der Zentriertheit entwickeln lässt, ist nach Palmer und Crawford (2013, S. 69–74) die Fähigkeit, einen Standpunkt zu vertreten und dabei der eigenen Wahrheit und seinen Werten treu zu bleiben. Besonders bei beruflichem, aber auch bei privatem Gruppendruck neigen wir dazu, z. B. aus Angst, Harmoniebedürfnis oder Höflichkeit unsere Meinungen und Ansichten zurückzuhalten. Einen Standpunkt zu vertreten, bedarf Mut und Stärke vor allem in Situationen, in denen wir mit unseren Ansichten allein dastehen. Ähnlich wie beim zentrierten Zuhören kann uns die Technik der Zentrierung in einen Zustand versetzen, durch den wir im günstigen Fall Aufmerksamkeit und Zustimmung von anderen erhalten. Im ungünstigeren Fall kann Zentriertheit die notwendige Kraft geben, dass wir, ohne uns persönlich verletzt zu fühlen, standhalten können, wenn beispielsweise die Mehrzahl der Kollegen sich gegen unsere Ansichten ausspricht oder uns im Extremfall attackiert und lächerlich macht.

Sich selbst und anderen Grenzen setzen In Coaching-Sitzungen äußern Klienten häufig, dass sie sich weder selbst noch von anderen abgrenzen können, speziell wenn es darum geht, ein klares Ja oder Nein auszusprechen. Diese Thematik wurde von Sellin (2014) in anschaulicher Weise beschrieben. Sellin ist einer der wenigen deutschsprachigen Autoren, der die Technik der Zentrierung im Buchtitel verwendet und ihr dazu ein eigenes Kapitel widmet. Eine seiner Kernaussagen ist, dass Abgrenzung ohne Selbstwahrnehmung und Zentrierung nicht möglich ist. An einer Stelle schreibt er: „Wer nicht bei sich ist, schwächt sich energetisch. Das Ergebnis: Ein Mensch, der offen für alles ist, der sich hin- und herreißen lässt von äußeren Reizen, Ablenkungen und Verführungen, im Extremfall ist er dadurch sogar fremdgesteuert." (Sellin 2014, S. 78). Im Weiteren beschreibt er ähnliche wie die bereits genannten Übungen, die darauf abzielen, körperorientiertes Bewusstsein zu entwickeln, und die uns helfen, im Einklang von Kopf, Herz und Bauch unsere Grenzen wirksam zu setzen.

In Trainingseinheiten zur Zentrierungstechnik bietet sich dazu eine kleine *Übung* an, bei der sich die Teilnehmer paarweise im zentrierten Zustand gegenübersitzen. Die Aufgabe ist, sich durch minimales Vorlehnen von Kopf und Oberkörper (1 bis 2 cm) zum Partner hinzuwenden und danach wieder zu sich selbst zurückzukehren. Diese Übung kann den Teilnehmern helfen zu erfahren, ob sie bei sich bleiben können oder im Gegenüber verlieren. Ebenso kann auch der Unterschied zwischen Mitgefühl und Mitleid besser gefühlt und verstanden werden. Wenn wir Mitleid für eine andere Person haben, verschwimmen unsere eigenen Grenzen und wir leiden mit dem anderen. Wenn wir hingegen Mitgefühl und Empathie aufbringen, können wir mit dem anderen in Interaktion treten, kehren aber immer wieder zu uns selbst zurück. Als Eltern, Freund, Coach oder Therapeut kennen viele das Gefühl, dass wir eine andere Person dann am besten unterstützen können, wenn wir ausreichend Abstand wahren können.

Was Sie aus diesem *essential* mitnehmen können

- Sie wissen nach der Lektüre, warum es sich lohnt, Körperempfindungen, Gefühle und Gedanken aufmerksamer und bewusster wahrzunehmen.
- Sie haben mit der Zentrierungstechnik ein Werkzeug an der Hand, mit dem Sie alltäglichen Herausforderungen, Bedrohungen und Angriffen effektiver begegnen können.
- Sie können auf eine Reihe von Anleitungen und Übungen zugreifen, die Ihnen helfen, die Wirkung und Vorteile von Zentriertheit zu erfahren.
- Sie kennen eine Reihe von Tipps und Tricks, wie Sie sich die Fertigkeit zur Zentrierung aneignen und aufrechterhalten können.
- Sie verfügen über Beispiele, wie Sie die Technik der Zentrierung vermitteln und anwenden können.

© Springer Fachmedien Wiesbaden GmbH, ein Teil von Springer Nature 2020

M. Barbarino, *Zentrierung,* essentials,

https://doi.org/10.1007/978-3-658-28392-6

Nachwort

Liebe Leserinnen und Leser, vielleicht können Sie jetzt nachvollziehen, dass ich beim Schreiben dieses Buches meine Zentriertheit mehr als einmal verloren habe. Mein innerer Kritiker, der übrigens Karl heißt, hat mich regelmäßig gefragt, ob es wirklich nötig ist, dieses Buch zu schreiben, da es doch schon so viele zu ähnlicher Thematik gibt, und ob das Buch auch wirklich gekauft und genutzt wird. Auch meinte er, dass ein paar schöne Bilder und Illustrationen das Buch aufgelockert hätten, womit er wohl recht hat.

Zudem hatte er große Sorgen, ob ich es wohl schaffe, die Vielfalt der aufgeführten Literatur auf einen Punkt zu bringen, mit dem Risiko, wichtige Dinge wegzulassen oder Aspekte zu beschreiben, die trivial erscheinen oder die Leser nur teilweise oder gar nicht interessieren. Ich erinnere mich an eine Situation, als ich vor einigen Jahren einen Kollegen bat, mir für eine wichtige Besprechung ein 2-seitiges Arbeitspapier zu erstellen. Nach ein paar Tagen überreichte er mir acht Seiten mit der Anmerkung, dass er leider nicht die Zeit hatte, den Text auf zwei Seiten zu reduzieren. Erst jetzt kann ich wirklich verstehen, was er damit gemeint hat.

Letztlich habe ich mich zentriert, mich bei Karl für seine wohlgemeinte Kritik bedankt und das Manuskript zur Veröffentlichung beim Springer Verlag eingereicht. Zu Karl sagte ich, dass ich das Buch nicht geschrieben hätte, wenn ich in meinen Kursen nicht so viele positive Rückmeldungen von über 500 Kollegen, Freunden und Bekannten bekommen hätte und immer wieder gesehen hätte, dass diese so einfach erscheinende und doch so effektive Technik der Zentrierung so vielen Menschen unbekannt ist.

Mit Veröffentlichung dieses Buches werde ich meine berufliche Karriere in der Luftfahrt beenden und mich in Zukunft mehr den Dingen widmen, die mir Freude

© Springer Fachmedien Wiesbaden GmbH, ein Teil von Springer Nature 2020
M. Barbarino, *Zentrierung,* essentials,
https://doi.org/10.1007/978-3-658-28392-6

machen und mir das Gefühl geben, dass ich einen Teil dazu beitrage, dass die Menschen sich ihres Körpers in seiner Gesamtheit bewusst werden und wieder zu ihrem Zentrum (zurück)finden.

Ich würde mich freuen, wenn Sie mich kontaktieren (manfred.barbarino@ gmail.com) und wir uns über Erfahrungen und Anwendungen der Zentrierungstechnik austauschen. Auch im wissenschaftlichen Bereich sehe ich eine Vielfalt von interessanten Studien und Experimenten, die die empirische Basis dieser Technik weiter erforschen und erweitern könnten.

Mit besten Grüßen,
Manfred Karl ☺ Barbarino

Literatur

Albrecht, K. (2017). *Power Posing: Präsent und überzeugend im Alltag*. Stuttgart: Trias Verlag.

Blake, A. (2018a). *Stress to serenity guide: A 7-day centering challenge*. https://embright. org/resources. Zugegriffen: 17. Sept. 2019.

Blake, A. (2018b). *Your body is your brain*. Stockton: Tokay Press.

Brack, A. (2017). More on the biology of fight-flight and centering. In M. Walsh (Hrsg.), *Centring: Why mindfulness isn't enough* (S. 27–35). Brighton: Integration Training https://embodiedfacilitator.com/shop. Zugegriffen: 17. Sept. 2019.

Campbell, J. (1988). *The power of myth*. New York: Anchor Books.

Cannon, W. (1932). *The wisdom of the body*. New York: Norton.

Clark, B. (2018). *Das große Yin-Yoga-Buch*. Stuttgart: Trias Verlag.

Croos-Müller, C. (2015). *Kraft: Der neue Weg zu innerer Stärke – Ein Resilienztraining*. München: Kösel Verlag.

Cuddy, A. (2016). *Dein Körper spricht für dich: Von innen wirken, überzeugen, ausstrahlen*. München: Mosaik Verlag.

Diesbrock, T. (2013). *Hermann! – Vom klugen Umgang mit dem inneren Kritiker*. Ostfildern: Patmos Verlag.

Fogel, A. (2013). *Selbstwahrnehmung und Embodiment in der Körperpsychotherapie: Vom Körpergefühl zur Kognition*. Stuttgart: Schattauer.

Kabat-Zinn, J. (2015). *Im Alltag Ruhe finden: Meditationen für ein gelassenes Leben*. München: Knaur.

Kessler, M. (2016). *10 ways centering in Aikido helps you grow*. https://theintegraldojo. com/10-ways-centering-in-aikido-help-you-grow/#more-396. Zugegriffen: 17. Sept. 2019.

Lehrhuber, R. (2010). Erdung und Zentrierung in Taijiquan und Qigong. *Taijiquan & Qigong Journal, 1*, 30–36.

Linden, P. (2006). *Teaching children embodied peacemaking: Body awareness, self-regulation and peacemaking*. Columbus: CCMS Publications. https://www.being-in-movement.com/resources/books. Zugegriffen: 17. Sept. 2019.

© Springer Fachmedien Wiesbaden GmbH, ein Teil von Springer Nature 2020   41
M. Barbarino, *Zentrierung*, essentials,
https://doi.org/10.1007/978-3-658-28392-6

Linden, P. (2007). *Embodied peacemaking: Body awareness, self-regulation and peacemaking.* Columbus: CCMS Publications. https://www.being-in-movement.com/resources/books. Zugegriffen: 17. Sept. 2019.

Ostertag, J. (2018). *Erden und Zentrieren: Ausgeglichenheit für Körper und Geist.* https://www.weltbild.de/artikel/ebook/erden-zentrieren_25391472-1?ln=U3VjaGU6IFN1Y2hlcmdlYm5pcw==. Zugegriffen: 17. Sept. 2019.

Palmer, W., & Crawford, J. (2013). *Leadership embodiment: How the way we sit and stand can change the way we think and speak.* San Rafael: Embodiment Foundation.

Porges, S. W. (2019). *Die Polyvagal-Theorie und die Suche nach Sicherheit.* Lichtenau: Probst Verlag.

Schrievers, A. (2016). Kokon-Übung. In W. Brucker (Hrsg.), *Die vier Anker der Achtsamkeit – Wege zur Selbstregulation* (S. 6). Workshop-Handout: Gesundheitstag SSA Backnang.

Sellin, R. (2014). *Bis hierher und nicht weiter: Wie Sie sich zentrieren, Grenzen setzen und gut für sich sorgen.* München: Kösel Verlag.

Selye, H. (1976). *The stress of life* (2. überarb. Aufl.). New York: McGraw-Hill.

Storch, M., & Tschacher, W. (2016). *Embodied communication.* Bern: Hogrefe.

Strozzi-Heckler, R. (1993). *The anatomy of change: A way to move through life's transitions.* Berkely: North Atlantic Books.

Strozzi-Heckler, R. (2014). *The art of somatic coaching: Embodying skilful action, wisdom and compassion.* Berkely: North Atlantic Books.

Treleaven, D. A. (2019). *Traumasensitive Achtsamkeit.* Freiburg: Arbor Verlag.

Walsh, M. (Hrsg.). (2017). *Centring: Why mindfulness isn't enough.* Brighton: Integration Training https://embodiedfacilitator.com/shop. Zugegriffen: 17. Sept. 2019.

Whitelaw, G. (2012). *The Zen leader: Ways to go from barely managing to leading fearlessly.* Pompton Plains: Career Press.